AF396564

CONFIANCE ET CRÉDIT.

DE LA RESPONSABILITÉ

DU PRODUCTEUR ET DU VENDEUR

AU MOYEN DE

LA MARQUE OBLIGATOIRE DE FABRIQUE.

PAR

B. DAVONS.

PRIX : 25 CENTIMES.

PARIS,

CHEZ GARNIER FRÈRES, LIBRAIRES,

PALAIS-NATIONAL, GALERIE MONTPENSIER.

—

1849.

CONFIANCE ET CRÉDIT.

DE LA RESPONSABILITÉ
DU PRODUCTEUR ET DU VENDEUR

AU MOYEN DE

LA MARQUE OBLIGATOIRE DE FABRIQUE.

Les questions économiques ne sont point de celles qui passionnent la France à notre époque. Faites sonner à ses oreilles les mots magiques de liberté et d'indépendance nationale, et vous la verrez courir aux barricades, aux champs de bataille. Mais si vous faites simplement appel à son bon sens ; si vous vous adressez à son intelligence pour résoudre des questions *pacifiques* de bien-être et de moralisation, vous la trouverez sourde à vos appels, et vous ne rencontrerez que des auditeurs distraits et indifférens, Pour l'impressionner, il lui faut des mots sonores et creux.

C'est que malheureusement notre nation, dont les instincts sont si généreux, attache plus d'importance à la forme qu'au fond des questions. Ce qui l'éblouit, c'est un beau discours, la musique harmonieuse d'un grand poète, la parole chaude et colorée d'un tribun. Elle a peu d'entraînement pour les simples plaidoyers en faveur d'une innovation indiquée par le sens commun, d'une réforme dont l'application contribuerait à son bien-être. Ce n'est point en France que l'on parviendrait à organiser ces vastes associations qui agitent pacifiquement l'Angleterre, et qui produisent des résultats d'autant plus merveilleux, qu'ils rendent impossibles les émeutes et les révolutions qui affligent périodiquement notre pays, et qui minent incessamment une société dont les fondemens ne sont déjà que trop fragiles. La France, comme la Grèce antique, aime les beaux parleurs, les rhéteurs habiles. Si la providence la gratifiait aujourd'hui d'un Franklin, elle se garderait, sans doute, de lui élever une statue.

Il ne faut point inférer de nos paroles que nous nions l'aptitude de notre nation à s'occuper de questions économiques, de réformes utiles. Certes, si quelque chose lui manque, même sous ce rapport, ce n'est point l'intelligence, une intelligence pleine de spontanéité, et qui illumine d'une vive clarté les questions les plus ardues, les plus complexes. Mais, malheureusement, depuis vingt ans, l'activité des hommes supérieurs, de ceux à qui la Providence a dévolu la difficile mission de guider l'humanité dans les voies de plus en plus ténébreuses de la civilisation, s'est tournée vers la politique. La politique absorbe toutes les aptitudes, bonnes et mauvaises. Ce n'est plus un simple moyen ; c'est un but vers lequel convergent tous ceux que l'ambition du pouvoir dévore. Et comment en serait-il autrement dans un pays où l'éducation universitaire crée chaque année des milliers de capacités inutiles, qui, pour sortir de l'obscurité, ne craignent point de jeter à la société les défis les plus audacieux? Sous ce rapport, la révolution de Février sera un grave enseignement pour l'histoire.

En effet, jusqu'au moment où cette révolution a éclaté, on pouvait supposer que la France était en voie de progrès, qu'elle recélait dans son sein une pépinière de génies incompris qui, une fois maîtres du pouvoir, allaient donner au pays une impulsion décisive et le doter d'une prospérité qui laisserait dans l'ombre les plus belles années de la monarchie légitime de Charles X, et de la monarchie quasi-légitime de Louis–Philippe. La révolution de Février avait pour elle l'expérience, et quelle expérience! des soixante dernières années, pendant lesquelles la France s'est jetée dans les conceptions les plus aventureuses, et a expérimenté, successivement, toutes les formes et systèmes de gouvernemens possibles. Depuis 1830, surtout, durant ces longues années de paix qui ont succédé à la révolution de Juillet, et les hommes qui ont présidé aux journées de février, qui les ont préparées par leurs écrits et leurs enseignemens, avaient pu étudier la marche de la civilisation, les besoins des peuples modernes. On pouvait supposer que leur arsenal révolutionnaire renfermait autre chose que de ridicules parodies d'une époque dont les actes sont inscrits en caractères sanglans dans notre histoire, et à laquelle on a donné le nom significatif de *Terreur*. Vain espoir! Les premiers actes du Gouvernement improvisé par la dernière révolution ont prouvé surabondamment que les révolutionnaires de 1848, comme les Bourbons de la branche aînée, *n'avaient rien oublié ni rien appris*, et que le progrès dont ils s'apprêtaient à doter la France n'était qu'un progrès rétrospectif, dont la formule existe depuis longtemps dans les annales de la Convention.

Certes, s'il n'était sérieux, ce serait un amusant spectacle que celui de ces hommes qui, naguère médecins, journalistes, savans, avocats, romanciers, s'improvisent hommes d'État, et, rassemblés au hasard dans la maison commune de la première ville du monde, décrètent, sans autre contrôle que leur bon vouloir, des mesures qui, pour tout homme sensé, ne pouvaient avoir d'autre résultat que la ruine du pays. Mais ce qui est réellement affligeant, c'est que ces mêmes hommes, qui venaient de s'attribuer un pouvoir immense, sans contrôle, un de ces pouvoirs que les monarques les plus despotiques n'osent rêver, n'aient eu ni l'intelligence, ni la capacité de le faire tourner au profit du pays, alors que le bien était plus facile à décréter que le mal.

Est-ce là ce que nous devions attendre des chefs de l'opposition *avancée* pendant les dix-huit années du règne de Louis-Philippe? Cette opposition n'avait-elle d'autre but que de susbtituer une société négative à la vieille société française qui, de progrès en progrès, avait conquis la monarchie constitutionnelle, et arrivait ainsi graduellement à la République? N'avait-elle d'autre but que de partager, au profit de ses chefs, les grands pouvoirs d'un état non défini, sous le poids duquel nous avons vu fléchir leurs épaules débiles? On est amèrement conduit à le croire, quand on se rappelle l'affligeant spectacle que nous ont offert les quatre mois qui ont suivi la révolution de Février : la désorganisation systématique de tous les services publics ; la perturbation jetée dans les transactions commerciales, par suite des atteintes portées au crédit général ; l'inanité des mesures prises pour combattre les exigences, chaque jour renouvelées, d'une partie de la population, que la misère livrait à toutes les excitations de l'anarchie ; les appels, partis des hautes régions gouvernementales, aux plus mauvaises passions ; la haine fomentée contre tout ce qui dépassait le niveau de la blouse ou du bourgeron ; les appétits les plus désordonnés excités par le contraste de richesses imaginaires ; la guerre, une guerre impie, organisée avec le plus effrayant machiavélisme contre ce que l'on appelle le *capital*, mot essentiellement élastique que l'on applique indifféremment à toute valeur bonne à prendre, et, par conséquent bonne à garder. — Nous n'en finirions pas si nous voulions récapituler toutes les mesures décrétées par un pouvoir qui inscrivait le mot *République* en tête de ses firmans, mais qui, sans force contre les mauvaises passions, sanctionnait chaque jour les exigences les plus audacieuses dans des actes qui, imposés par la force, étaient obligatoires pour trente-cinq millions de Français.

Ce qu'il y a de plus étrange, c'est que l'on voulait que le crédit public et privé, que la confiance, qui en est la base, résistassent à toutes ces attaques, formulées par des hommes qui, de leur propre volonté, s'étaient constitués les chefs de l'État. Les capitaux se cachaient, disait-on ; ils prenaient les formes des plus fantastiques, ils passaient la frontière. Les riches engloutissaient des millions dans leurs caves ; les marchands, qui perdaient l'habitude de voir des acheteurs, faisaient faillite les mains pleines ; les propriétaires, qui ne recevaient qu'exceptionnellement le prix de leurs locations, accumulaient l'or et faisaient litière de billets de banque. Pour atteindre ces spoliateurs du peuple, comme on les appelait, il n'était sorte de moyens que l'on n'imaginât dans les clubs, et que quelques hommes du pouvoir ne se montrassent disposés à employer. Déjà, sous forme d'impôts, on s'apprêtait à mettre en action une sorte de communisme qui conduisait tout droit à l'égalité de la misère. Si le droit au travail avait été reconnu à la suite des exactions que l'on proposait, le salaire égalitaire eût été nécessairement négatif, car le capital en circulation, sans le crédit qui le décuple, n'aurait donné qu'une très-légère satisfaction aux appétits démesurément excités des ouvriers de la grande nation.

Et cependant, le gouvernement sorti des barricades de Février n'avait-il pas une mission plus sainte à remplir que celle d'*effrayer* et de *menacer*? Il venait de proclamer ce rêve éternel de tous les honnêtes gens, *la République* ; et c'est au nom de la République, au nom de la Liberté, de l'Égalité, de la Fraternité, que quelques membres de ce même gouvernement ameutaient les passions les plus anarchiques contre les principes sacrés sur lesquels se fondent les sociétés. Étrange aberration d'esprit, qui a plongé la France dans un abîme où elle serait menacée de disparaître, si un pouvoir fort et réparateur ne lui rendait la sécurité.

Une année s'est écoulée depuis la Révolution de Février ! Une longue année de souffrance, qui pèsera longtemps sur le pays ; une année pendant laquelle nous avons côtoyé constamment la banqueroute ; une année qui a vu toutes les fortunes privées disparaître ou s'amoindrir, qui a miné notre commerce, annihilé notre industrie ? A qui cette année de misère a-t-elle profité ? Est-ce au peuple, en faveur de qui, dit-on, la Révolution de Février a été faite ? Mais le peuple n'a jamais été plus malheureux ! Et ici nous parlons du véritable peuple, de celui qui vit honorablement de son travail, qui cherche véritablement à améliorer son bien-être et celui de sa famille, et non pas de cette population flottante, l'effroi des grandes villes, qui ne se rattache à la société par aucun lien, et pour qui les excitations de la place publique, la vie anarchique des clubs, les émeutes, les révolutions sont de véritables bonnes fortunes que les habiles savent exploiter à leur profit et dont ils retirent d'énormes bénéfices.

Malheureusement, cette année de crise que nous achevons en ce moment, ne marque point la limite des maux de la patrie. Nous avons à peu près le calme matériel de la rue ; mais le calme moral n'est pas rentré dans les esprits. On a jeté à la société de si déplorables défis ; on a tellement miné le crédit, et la confiance sur laquelle il s'appuie, que les transactions sont nulles et réduites en quelque sorte aux objets de première nécessité ; et si nos grands centres manufacturiers n'avaient pas le commerce extérieur pour les alimenter un peu, nous verrions la plaie du paupérisme étendue sur la France entière, et réaliser le problème suivant, qui devait paraître insoluble : Un grand peuple, un peuple qui possède le plus beau pays du monde, un peuple intelligent, courageux, actif, réduit à mourir de faim ou à recevoir de la charité publique, dont les ressources sont en train de s'épuiser, une aumône insuffisante, et qu'elle sera bientôt hors d'état de lui accorder.

La confiance, le crédit, voilà ce qui manque à la France. Confiance et crédit, avec ces deux mots, on opère des miracles. Sans eux, un pays s'agite convulsivement, lutte contre des impossibilités de tous genres, prête l'oreille aux projets les plus absurdes, jusqu'à ce qu'épuisé, haletant, il se jette entre les mains des charlatans, qui pullulent en temps de révolution, et qui finissent toujours par le préci-

piter dans le gouffre béant de l'anarchie et de la banqueroute.

Mais le crédit, la confiance, comment les rétablir,
comment y suppléer? Il ne manque pas de gens qui
vous diront que l'on peut y suppléer à l'aide de valeurs
fictives; d'autres vous présenteront la spoliation comme
le plus saint des devoirs. Prenez aux riches! Les riches,
c'est là le grand mot, comme si la France était peuplée de
millionnaires ; comme si les propriétaires possédaient leur
fortune réalisée en billets de banque ou en or. Mais la fortune publique se compose de *capitaux* de différentes na-
tures. Le *capital* est multiple. Pour les uns c'est la propriété foncière ou immobilière ; pour les autres, le navire
qui va alimenter le commerce français dans les pays les
plus éloignés de la mère patrie. Les actions industrielles,
les rentes sur l'Etat, les machines qui multiplient la force
humaine, les marchandises qui garnissent les rayons des
magasins, et qui, en temps de crise comme ceux que nous
traversons, perdent la plus grande partie de leur valeur ;
enfin, la capacité, le talent sont des capitaux. Et l'ou-
vrier, n'a-t-il point aussi son capital, représenté par
les instrumens de son travail, par l'intelligence qu'il
a acquise dans sa profession? Combien avez-vous de
capitalistes qui possèdent leur fortune en portefeuille,
et qui négligent de la faire valoir au profit d'une opéra-
tion quelconque? Évidemment, c'est le plus petit nombre, et ceux-là sont difficiles à atteindre. Or, en temps
de révolution, les produits de la propriété, malgré tous ses
priviléges, sont souvent stériles. Depuis Février, les objets
de première nécessité, les fruits de la terre, sont tombés à
des prix relativement fabuleux ; les loyers, à Paris et dans
les grands centres de population surtout, ne se payent
qu'exceptionnellement ; le commerce est nul ou à peu
près ; la grande industrie est frappée de mort ; les expédi-
tions lointaines sont nulles ; les valeurs de l'État sont dé-
préciées ; le capital de tout le monde est entamé, anéanti ;

et l'on crie à l'égoïsme de ceux qui possèdent, à l'avidité de ceux qui thésaurisent ! Ces absurdes déclamations font malheureusement encore des dupes ; elles alimentent presqu'exclusivement la polémique des clubs, et entretiennent ainsi dans le cœur des imbéciles et des méchans, la haine, qui aboutit à la guerre civile.

Le crédit, la confiance ne peuvent se rétablir que par la stabilité d'un gouvernement sage, modéré, protecteur des droits de tous, raisonnablement progressif, et qui ne menace pas incessamment de spolier une partie de la société au profit de l'autre, quelle qu'elle soit. Les grands principes fondamentaux d'un État ne se violent pas impunément. On les a contestés après la révolution de Février : nous subissons aujourd'hui les conséquences des déplorables théories, imaginées dans le silence du cabinet, et qui ont été prises au pied de la lettre par des hommes peu éclairés, ou de mauvaise foi. La confiance ne se rétablit pas ; le crédit est nul, et la nation française, une nation intelligente, active, travailleuse, se trouve réduite, pour ses transactions, aux trois ou quatre milliards en argent ou en valeurs légales que décuplaient autrefois ce crédit que l'on a tout fait pour détruire, cette confiance sans laquelle le commerce se limite aux proportions modestes des peuples agriculteurs et dont l'horizon industriel ne dépasse pas les premiers besoins.

Espérons un avenir meilleur, car les épidémies morales, comme les épidémies physiques, sont passagères. La France rentrera dans la grande voie de la raison. Et en nous exprimant ainsi, nous ne prétendons point qu'elle se montrera rebelle à tout progrès, à toute innovation, à toute transformation. Le sol français est favorable aux idées généreuses. Les peuples étrangers le savent, et c'est pour cela qu'ils ont toujours les yeux fixés sur notre pays. Mais dans l'ordre moral, comme dans l'ordre physique, le progrès est subordonné à certaines lois de développement que l'on ne viole pas impunément. Ces lois sont absolues, et l'homme, à l'instar de la nature, ne produit quelque chose de durable qu'en les observant rigoureusement.

Le progrès, selon nous, sera stérile à tout jamais s'il ne s'appuie pas sur la moralisation du pays. *Moraliser* le peuple, c'est-à-dire tout le monde, car tout le monde est peuple aujourd'hui, tel doit être le point de départ du législateur. On a beaucoup parlé de corruption dans ces derniers temps ; on a dépeint les hautes classes de la société comme disposées à faire bon marché de leur honneur, de leur probité. On les a présentées comme avides de places, d'argent, de distinctions. Nous croyons, pour l'honneur de la France, que l'on a beaucoup chargé le tableau de notre dépravation... Mais il est certain que l'excitation des appétits matériels a influé défavorablement sur notre caractère ; et, sous ce rapport, les hautes classes ont donné aux classes moins favorisées des exemples qui ont singulièrement modifié la physionomie chevaleresque et loyale de notre nation. Et, pour ne nous occuper de cette question qu'au point de vue commercial, nous dirons qu'il s'est produit dans notre industrie des faits regrettables et qui font vivement désirer que la loi réglemente désormais la production, afin que, sous ce rapport, comme sous beaucoup d'autres, nous ne soyons pas la risée de l'étranger, qui épie nos fautes pour en profiter.

La *fraude*, en matière de production, est le fait le plus regrettable qui puisse affliger une nation industrielle, car elle ne tend à rien moins qu'à restreindre son cercle d'action. L'industrie et le commerce vivent et prospèrent à l'abri de la confiance. Détruisez cette confiance, et le commerce, l'industrie s'altèrent, se discréditent et s'acheminent fatalement vers la ruine. C'est la marche que, selon nous, l'industrie et le commerce français ont suivie pendant ces dernières années. Mais cette marche n'a pas été seulement nuisible à nos transactions ; elle a contribué à démoraliser le peuple des travailleurs, à qui l'on ne saurait cependant donner de trop bons exemples.

Nous avons peut-être un peu trop généralisé la question en mettant tout le commerce français en cause? Non! le commerce français n'est pas solidaire d'actes isolés. Mais ces actes sont nombreux, trop nombreux, et ils exigent que la loi intervienne désormais

Pendant les quinze dernières années, notre industrie a fait beaucoup de progrès; toutefois, ces progrès n'ont pas été également heureux. Pour quelques industriels, ils se sont résumés en travaux qui avaient moins pour but d'*améliorer* que de *frauder*. Une mine très-féconde s'est offerte tout à coup à l'exploitation des hommes dont l'intelligence ne s'est point purifiée au creuset de la probité. Les progrès du luxe les servirent merveilleusement. Jusqu'alors, certains produits avaient été le patrimoine exclusif des classes riches. On résolut de mettre ces produits à la portée de tout le monde. Cette intention eût été louable, si on l'eût réalisée avec probité et dans des conditions possibles. Mais la valeur des matières premières n'avait pas diminué; les développemens heureux de notre industrie tendaient, au contraire, à l'accroître. Il se présentait là une impossibilité qui eût arrêté des hommes moins hardis que ceux auxquels nous faisons allusion. Certaines matières premières avaient, en effet, une valeur intrinsèque qu'il n'était pas possible de ne pas leur attribuer. Mais en mélangeant ces matières, en les *sophistiquant*, en les combinant avec d'autres matières d'une valeur moindre, d'une valeur infime, on pouvait obtenir des résultats qui ne tromperaient point un œil exercé, mais qui abuseraient la foule et donneraient infailliblement de grands bénéfices.

Cette combinaison réussit, et on la vit bientôt fort intelligemment appliquée à des produits de tous genres. Le commerce fut alors inondé de marchandises aux noms les plus pompeux, noms usurpés, et qui n'avaient pas seulement pour inconvénient d'allécher l'acheteur. Sous des titres fallacieux, on vendait des choses de rebut, des objets frauduleusement confectionnés, et qui se débitaient avec d'autant plus de facilité, qu'ils éveillaient les appétits de la coquetterie féminine, au détriment des produits *vrais* dont ils usurpaient les noms.

Notre intention n'est point de récapituler toutes les fraudes qui se commirent, et qui produisirent un résultat à jamais regrettable, celui de restreindre la consommation intérieure, de fermer quelques marchés étrangers à notre commerce, et de rendre les négocians d'outre-mer excessivement défians à l'endroit de nos produits. Mais nous insisterons surtout pour une industrie dont, jusqu'alors, la France avait droit de s'enorgueillir, parce qu'elle s'était constamment produite dans des conditions de probité qui lui assuraient une grande prospérité.

Cette industrie, c'est celle du cachemire, soit en châle, soit en étoffe, industrie particulière à notre pays, et sans rivale en Europe. Pendant longtemps, elle suivit un mouvement progressif merveilleux. Ses produits, bien confectionnés, et répondant sous tous les rapports aux exigences de leur nom, jouissaient d'une grande faveur. Mais tout à coup la consommation diminua, l'exportation s'arrêta... Des habiles avaient trouvé le moyen de fabriquer du cachemire sans cachemire, et afin d'assurer complétement le succès de cet honnête travail, il donnaient audacieusement le nom de cachemire à leurs informes produits. Jusqu'alors, cependant, les titres qui exprimaient l'idée d'une valeur intrinsèque avaient été respectés. — Le plaqué ne pouvait usurper le nom de l'argent ou de l'or. — Chaque produit manufacturé avait un nom qui lui était propre et éveillait l'idée d'une valeur relative, et non point d'une valeur supérieure à sa valeur réelle. Les fabricans de faux cachemires, et ils étaient imités en cela par ceux qui vendaient de la soie mélangée pour de la soie pure, du coton pour de la toile de lin ; les fabricans de faux cachemires n'eurent aucune espèce de scrupule, et le nom de cachemire devint pour eux un titre mensonger qu'ils appliquèrent indifféremment à tous les produits qu'il leur plut de créer.

Ce scandale industriel, que la loi n'eût pas été impuissante à réprimer, si des poursuites avaient été dirigées contre les fraudeurs ; ce scandale émut un fabricant de tissus cachemires, M. Biétry, dont l'industrie était menacée d'une ruine complète. M. Biétry, doué d'une grande force de caractère, se substitua en quelque sorte à la justice, qui n'agissait pas, et provoqua des mesures de rigueur contre les fraudeurs. Mais il ne se borna pas à des poursuites judiciaires. Il se constitua le défenseur du commerce loyal et honnête, et entreprit d'éclairer le public sur une question qui l'intéresse au plus haut degré, celle de la fraude en matière de production. La lutte de M. Biétry fut longue, acharnée, et sa polémique eut un grand retentissement. Dans tout autre pays, on eût secondé vigoureusement ce courageux citoyen ; en Angleterre, on eût bien certainement formé une association pour faire triompher ses principes, et, nouveau Cobden, M. Biétry eût attaché son nom à une réforme utile. En France, les consommateurs se bornèrent à profiter des lumières qui jaillissaient de la discussion. Éclairés par M. Biétry, ils se montrèrent défians à l'endroit des charlatans qui spéculaient sur des noms usurpés, et ce qui prouve que ce fabricant avait frappé juste, c'est la confiance dont l'honorèrent les personnes qui avaient des achats à faire dans la spécialité créée par lui, sous l'influence d'une rénovation commerciale.

Mais il faut dire aussi que M. Biétry avait trouvé le moyen de réprimer la fraude, et qu'il prêchait d'exemple. Vous êtes des fabricans, des négocians probes et loyaux, disait-il à ses confrères. Eh bien ! prouvez-le en adoptant, jusqu'au moment où la loi la rendra obligatoire, une marque distinctive, dite marque de fabrique, qui servira de garantie à l'acheteur, et qui, en désignant la nature du produit, empêchera de lui attribuer une valeur supérieure à celle qu'il a réellement. Cette marque, dite de garantie, sera un passeport de probité qui rendra la sécurité aux consommateurs, et arrêtera ce débordement de fraudes qui portent un si grave préjudice à nos transactions commerciales. Rien de plus simple que la mise en œuvre de cette idée, qui doit être sympathique à tout le monde, car elle mettra un obstacle à la concurrence, en la limitant, en lui posant des bornes infranchissables. La concurrence, en effet, n'est point redoutable quand elle ne s'exerce que sur des objets d'une valeur égale. Mais elle prend un tout autre caractère quand elle recourt à la fraude, et quand, à l'aide de titres mensongers, elle cherche à abuser l'acheteur, en attribuant aux produits qu'elle débite une valeur fictive.

Une chose nous étonne, et elle étonna tout le monde. C'est que la mesure si simple, si loyale, d'une application si facile de M. Biétry n'ait point rallié tous les producteurs. Nous sommes étonnés aussi que les ministres qui se sont succédé au pouvoir depuis février, et qui, tous, ont eu la louable prétention de *moraliser* le peuple, ne se soient point occupés d'une mesure qui n'aurait certes pas rendu la vie à notre industrie aux abois, mais qui eût au moins prouvé que le gouvernement républicain a la ferme volonté de faire quelque chose pour régénérer notre commerce aux sources de la vieille loyauté française, de cette loyauté jadis proverbiale, aujourd'hui problématique. M. Biétry a présenté, sur la *marque obligatoire*, une pétition à l'Assemblée nationale ; il a fait parvenir au ministre du commerce des documens qui démontrent combien il est urgent de s'occuper de cette question. Nous espérons que tant d'efforts ne seront point stériles, et que les consommateurs ne seront pas plus longtemps les victimes des habiles qui ont hypothéqué leur fortune sur *la fraude* et la négation de la probité commerciale (1).

(1) M. Biétry a fait une étude particulière de la *marque de fabrique*, comme il l'appelle judicieusement ; selon lui, cette marque doit entraîner la responsabilité du producteur et celle du marchand, car il ne faut pas que ce dernier puisse attribuer à l'objet qu'il vend un nom et une valeur qui ne lui appartiennent pas. M. Biétry croit, et tout le monde par-

Les réflexions que nous venons de tracer nous ont paru avoir quelqu'intérêt au moment où la France convoque ses producteurs à une nouvelle exposition des produits de l'industrie. Il serait à désirer que, pour cette époque solennelle, nos grands fabricans comprissent que la marque *obligatoire* est une mesure de haute probité qu'ils ne sauraient adopter trop promptement, en présence des tentatives de plus en plus audacieuses de la fraude. Si cette mesure était, à l'exemple de M. Biétry, sanctionnée par quelques hommes honorables dont le nom fait autorité, l'Assemblée législative, qui sera prochainement appelée à remplacer l'Assemblée nationale, provoquerait bien certainement la présentation d'un décret qui obligerait désormais tous les producteurs à être probes et honnêtes, et à donner à leurs ouvriers des exemples *de probité dans le travail* qui ne seraient pas sans influence sur leur *moralisation*. Cette probité, il faut l'inscrire dans la loi, il faut y soumettre tous les producteurs, puisqu'un grand nombre d'entr'eux se montrent disposés à la fouler aux pieds et à la violer.

tagera son opinion, que l'on ne peut refuser une garantie à l'acheteur, surtout quand il s'agit d'objets de luxe et de valeur. La *marque obligatoire de fabrique* équivaudrait, dans son esprit, au contrôle que la monnaie appose aux matières d'or et d'argent, mais avec cette différence que l'administration supérieure n'interviendrait qu'en cas de fraude. La mesure qu'il réclame concerne non-seulement les matières premières, mais encore la partie chimique de la fabrication, les couleurs, les nuances sur lesquelles la falsification spécule également avec un déplorable succès. M. Biétry est convaincu, et nous sommes de son avis, que l'adoption de la marque de fabrique détruirait instantanément le commerce déloyal, la concurrence mensongère, celle qui s'appuie sur la fraude, et qui, pour vendre à un bon marché fictif, ne craint pas de déclarer la guerre au salaire et de spéculer sur la misère des travailleurs. Cette mesure n'empêcherait certes pas de fabriquer des produits *à bon marché*; mais on les vendrait pour ce qu'ils valent, comme l'argenterie Ruoltz, le plaqué, etc., etc. De mensongère, d'anarchique, la concurrence deviendrait loyale, et rentrerait dans les limites de la raison et de la bonne foi.

Paris, Imprimerie de E. Brière, rue Sainte-Anne, 55.